RAPPORT

PRÉSENTÉ A

L'ASSEMBLÉE GÉNÉRALE

DE LA

COMPAGNIE DES AVOUÉS

Près le Tribunal civil de Marseille

SUR L'UTILITÉ

DES TRAVAUX DE LA CONFÉRENCE DES AVOUÉS

DES DÉPARTEMENTS

MARSEILLE

TYPOGRAPHIE ET LITHOGRAPHIE CAYER ET C°,
Rue Saint-Ferréol, 57.

1881

RAPPORT

PRÉSENTÉ A

L'ASSEMBLÉE GÉNÉRALE

DE LA

COMPAGNIE DES AVOUÉS

Près le Tribunal civil de Marseille

SUR L'UTILITÉ

DES TRAVAUX DE LA CONFÉRENCE DES AVOUÉS

DES DÉPARTEMENTS

MARSEILLE

TYPOGRAPHIE ET LITHOGRAPHIE CAYER ET Cⁱᵉ,
Rue Saint-Ferréol, 57.

1881

RAPPORT

SUR L'UTILITÉ

DES TRAVAUX DE LA CONFÉRENCE DES AVOUÉS

DES DÉPARTEMENTS

RAPPORT

PRÉSENTÉ A

L'ASSEMBLÉE GÉNÉRALE

DE LA

COMPAGNIE DES AVOUÉS

Près le Tribunal civil de Marseille

SUR L'UTILITÉ

DES TRAVAUX DE LA CONFÉRENCE DES AVOUÉS

DES DÉPARTEMENTS

MARSEILLE

TYPOGRAPHIE ET LITHOGRAPHIE CAYER ET C*,
Rue Saint-Ferréol, 57.

—

1881

RAPPORT

PRÉSENTÉ A

L'ASSEMBLÉE GÉNÉRALE

DE LA

COMPAGNIE DES AVOUÉS

Près le Tribunal civil de Marseille

SUR L'UTILITÉ

DES TRAVAUX DE LA CONFÉRENCE DES AVOUÉS

DES DÉPARTEMENTS

Vous avez bien voulu nous confier le mandat d'examiner s'il y a opportunité à ce que notre Compagnie continue à faire partie de la Conférence des avoués des départements ou s'il ne serait pas préférable de tenter auprès de celles des communautés qui, comme la nôtre, profitent du tarif de Paris, des démarches en vue de la création d'une Conférence nouvelle qui comprendrait exclusivement ces cinq communautés.

Nous avons cru devoir, pour répondre à vos désirs, nous rendre compte des travaux de la Conférence depuis son origine, des résultats qu'elle a obtenus, du but qu'elle se propose et des services qu'elle pourrait rendre à l'avenir. Nous avons, d'autre part, pesé les objections formulées contre ses tendances, les avantages et les inconvénients que pourrait présenter l'organisation d'une Conférence restreinte aux Compagnies bénéficiaires du tarif de Paris ; nous venons aujourd'hui vous soumettre le résultat de nos délibérations.

D'une manière générale et pour résumer l'ensemble de ses travaux, on peut dire que la Conférence s'est occupée de tout ce qui touche à notre intérêt professionnel dans les domaines de la législation, de la jurisprudence, de la discipline et de la pratique.

Elle a organisé la défense de nos intérêts devant les pouvoirs publics en étudiant, en amendant de nombreux projets de loi qui pouvaient porter atteinte à nos droits, en déférant à la Cour de Cassation les décisions qui pouvaient nous être contraires, en encourageant la résistance des Compagnies contre les prétentions inadmissibles de certains parquets.

A un autre point de vue qui, bien que subsidiaire, ne manque pas d'importance, elle s'est attachée à recueillir et à propager tous les documents de jurisprudence qui peuvent être utiles à l'exercice de notre profession, à aider de ses conseils les Compagnies qui faisaient appel à ses lumières, à éviter autant que possible, les débats judiciaires dont la solution, n'intéressant que quelques-uns, aurait pu présenter de sérieux dangers pour tous.

Consultons d'abord ses archives au point de vue de ses services actifs. Nous n'avons malheureusement pas la collection complète des procès-verbaux des assemblées générales : il nous manque tous ceux qui sont antérieurs à 1869. Mais nous avons trouvé trace dans l'un de ces comptes-rendus de la participation prise par la Conférence à l'élaboration de la loi de 1841 sur les ventes judiciaires, des luttes qu'elle engagea pour défendre en 1848 la propriété des offices menacée, en 1855 et en 1857, pour combattre les projets de réduction du tarif alors en élaboration.

A partir de 1869, nous avons pu compulser ses procès-verbaux un à un et nous rendre compte, année par année, des travaux de la Conférence.

A ce moment, le Gouvernement prépare des projets de loi sur les ventes judiciaires d'immeubles, sur les compétences, sur l'extension de celle des juges de paix : la Conférence se met aussitôt en mouvement, multiplie ses démarches auprès des ministres, du Conseil d'État, des Commissions. Elle réussit à enrayer pendant quelques temps la marche des travaux ; elle obtient du Ministre la promesse formelle de la constitution d'une Commission spéciale dans laquelle seraient représentés les avoués qui pourraient ainsi y défendre personnellement leurs intérêts. Elle demande que l'on comble certaines lacunes de notre loi de procédure, qu'on règlemente la déconfiture civile, que l'on rende obligatoire l'intervention des avoués dans la procédure d'expropriation publique et qu'à eux seuls soit accordé le droit de faire purger les hypothèques légales.

Avant que les promesses du Gouvernement aient reçu leur exécution, la guerre éclate. Des projets d'alors il n'a plus été question. Mais d'autres propositions de loi surgissent à l'Assemblée Nationale, émanant les unes de l'initiative parlementaire, les autres des divers ministères qui se succèdent.

C'est d'abord un projet sur la séparation de biens en matière de faillite. La séparation de biens aurait dû être prononcée par jugement sur requête et, d'après un amendement, elle serait même résultée, *ipso facto*, du jugement déclaratif de faillite, sans nouvelle procédure ni jugement spécial. La Conférence présente ses observations : le projet est d'abord ajourné, finalement repoussé.

Un autre projet de loi est relatif à l'extension de la compétence des juges de paix aux affaires commerciales. Démarches, travaux et observations de la Conférence contre le projet qui est abandonné l'année suivante.

La réorganisation de la magistrature est mise à l'ordre du jour de tous les côtés de l'Assemblée. La Conférence se préoccupe de l'admission des avoués : elle fait ses efforts pour obtenir qu'ils puissent être admis sans condition d'âge, de grade, ni de durée de postulation.

Non contents de s'attaquer au Code de Procédure, de trop ardents réformateurs veulent modifier le Code Civil ; on vient proposer à l'Assemblée de permettre le partage à l'amiable même entre majeurs et mineurs, en évitant la licitation par l'attribution de lots en nature de valeurs même inégales. La Commission de la Conférence combat ce projet qui a été abandonné.

D'autre part, sur les démarches faites par elle auprès du Ministre de la Justice, elle obtient de lui qu'il provoque des Premiers Présidents et Procureurs Généraux des rapports sur les questions touchant aux ordres amiables, et ces magistrats émettent l'avis qu'il y a lieu de rendre obligatoire le concours des avoués dans l'ordre amiable et d'en compléter la règlementation par un tarif légal.

L'année suivante, sur la demande de plusieurs Compagnies, la Commission de la Conférence s'occupe de l'extension du tarif de Paris à tous les départements.

Elle adresse à la Chancellerie un projet de tarif sur les ordres amiables, attribuant à l'avoué poursuivant un droit fixe de 30 fr. et une remise de 0,50 0/0 sur le prix à distribuer ; aux avoués des créanciers colloqués utilement, un droit fixe de 20 fr. et un honoraire proportionnel de 0,50 0/0 sur le montant de la collocation ; aux avoués des créanciers non utilement colloqués, un droit fixe de 10 fr. à réclamer de leurs clients.

Le bureau de la Conférence se met en rapport avec plusieurs membres de la Commission législative chargée d'examiner le projet de loi sur les insertions judiciaires, demande la liberté du choix du journal dans les villes de moins de 100,000 âmes, et la création d'un journal spécial dans les villes plus importantes.

Le projet de réorganisation de la magistrature étant soumis à l'examen de la Cour de Cassation, des démarches sont faites auprès du Premier Président pour obtenir son assentiment à l'admission des avoués aux fonctions de la magistrature, sans conditions d'âge ni de grade.

La Conférence s'associe aux deux projets de loi déposés, l'un pour demander la suppression des Conseils de préfecture, l'autre pour l'institution de l'hypothèque maritime.

Elle renouvelle ses démarches pour obtenir la tarification des ordres amiables, l'extension du tarif de Paris, la concession du droit de plaidoirie aux avoués.

Elle présente une pétition au Ministre dans le but d'appliquer aux études vacantes par décès la loi qui avait facilité pendant la guerre la gestion des charges dont les titulaires avaient été soumis au service militaire.

Sur les pressantes démarches du bureau de la Conférence, le Ministre consent à nommer une Commission de six membres chargée d'examiner ses réclamations. Cette

Commisson se réunit, entend les explications verbales des avoués, et une circulaire est adressée à tous les chefs de Cour pour leur demander leur avis : 1° sur l'extension du tarif de Paris à tous les Tribunaux; 2° sur le concours obligatoire des avoués à l'ordre amiable ; 3° sur le droit des avoués de plaider dans les causes où ils occupent; 4° sur la gestion des études vacantes par décès.

Des renseignements recueillis au Ministère, il résulte que la majorité des Cours n'est pas favorable à l'extension du tarif; qu'à l'unanimité, elles refusent le droit de plaidoirie et le droit de faire gérer les études vacantes par décès; qu'elles admettent le concours facultatif des avoués aux ordres amiables avec attribution d'honoraires à tarifer. Le bureau de la Conférence remet un mémoire réfutant les objections soulevées contre les concessions par elle demandées, et obtient l'ajournement du rapport de la Commission.

Elle appuie le projet de loi relatif à la consignation judiciaire des titres et valeurs mobilières.

Lorque M. Dufaure présente le projet de loi sur les ventes judiciaires d'immeubles au-dessous de 2000 fr., elle établit un contre-projet, rédige des observations et fait des démarches incessantes pour obtenir :

1° Qu'en compensation, on accorde la grande remise dans toutes les ventes ;

2° Que le projet soit restreint dans ses limites actuelles;

3° Qu'on ne laisse autoriser les désignations sommaires et les dispenses d'affiches que pour les petits immeubles;

4° Et qu'en échange des sacrifices imposés aux avoués par le nouveau projet, on leur accorde l'extension du tarif de Paris, le droit de plaidoirie, la tarification des ordres et la gestion des études vacantes pour cause de décès ou de longue maladie.

Elle fait appuyer la proposition de loi déposée par M. Parent, dans le but d'entourer la destitution des officiers ministériels des garanties judiciaires qui leur font actuellement défaut.

Elle combat l'augmentation projetée du quinzième au dixième sur nos patentes.

Elle lutte contre le projet de loi de M. Turquet sur la vente des immeubles des mineurs et fait rédiger un mémoire pour démontrer que ce projet dépouille les avoués de leur propriété, bouleverse l'ordre des juridictions, change les attributions et enlève toute garantie aux incapables, sans apporter aucune économie dans les frais ni aucune simplification dans la procédure.

Elle favorise le projet de loi sur l'aliénation des valeurs mobilières appartenant aux mineurs et fait réussir son amendement relatif à la nécessité de l'homologation par le Tribunal des délibérations des conseils de famille au-dessus d'un certain chiffre.

Elle fait rédiger et remettre à la Commission législative un mémoire contre la proposition Floquet, sur l'extension si exagérée de la compétence des juges de paix.

Elle propose au projet de loi sur les contributions amiables un amendement ayant pour objet d'exiger le concours obligatoire des avoués.

Elle propose d'étendre aux avoués les dispositions du projet de loi ayant pour objet de fixer à deux ans la prescription des demandes de taxes et de restitution de frais.

Elle fait consacrer par un arrêt de la Cour de Cassation le droit de l'avoué de retenir, jusqu'au paiement intégral de ses frais, toutes les pièces qu'un client lui a remises pour la défense des intérêts engagés dans un procès.

Elle défend, malheureusement sans succès, sur un

pourvoi contre un jugement du Tribunal de Caen déclarant irrégulière la taxe faite par un président sans jugement préalable de condamnation.

Elle fait décider par la Cour de Cassation, contrairement à un jugement du Tribunal de Bordeaux, que si, en matière de licitation, lorsque l'immeuble a été retiré des enchères pour être vendu devant notaire, la remise proportionnelle n'est pas exigible, il n'en est pas moins dû un honoraire aux avoués en raison des soins qu'ils ont pu donner en dehors des actes taxés.

Elle décide de se pourvoir en cassation contre un jugement du Tribunal de Chambéry, qui n'avait accordé qu'une seule vacation à un avoué adjudicataire de plusieurs lots pour le même acquéreur dans la même adjudication. Le Tribunal de Chambéry modifie sa jurisprudence.

Le Tribunal de Valognes refusant d'allouer à l'avoué qui poursuit une distribution le demi-droit de communication sur ses propres productions, la Conférence, consultée, émet un avis contraire, et sur la résistance des avoués, le Tribunal revient à l'application du tarif.

La Conférence intervient pour surveiller le pourvoi formé contre un jugement du Tribunal de Saint-Pierre décidant que le droit de correspondance est dû en matière sommaire et que les conclusions autorisées par l'art. 761 en matière d'ordre peuvent être grossoyées.

Elle envoie à la Compagnie de Dijon un mémoire à la suite duquel le Tribunal de cette ville revient sur la jurisprudence par laquelle il décidait que les partages pouvaient être homologués par simple jugement sur requête.

Elle encourage la résistance des avoués du Vigan contre les prétentions d'un receveur d'enregistrement qui frappait d'une amende les mainlevées d'opposition aux qualités, données sur les qualités elles-mêmes, soutenant qu'elles devaient être données sur une feuille séparée. Le receveur renonce aux poursuites.

Elle défend devant le Tribunal de Cusset et devant la Cour de Cassation, mais infructueusement, la Compagnie des avoués de Cusset, à la suite d'un décret qui, supprimant un office, avait fixé l'indemnité à payer au titulaire dépossédé et réparti cette indemnité entre les avoués maintenus.

Ses efforts sont plus heureux dans sa résistance contre le parquet de Dieppe. Il proposait la suppression d'un office ; la Compagnie ne voulait pas s'y prêter. L'un de ses membres, Mᵉ Mazurier, tombant gravement malade, obligé d'aller demeurer dans le Midi pour y rétablir sa santé, vend sa charge. La Chancellerie refuse d'approuver le traité et de nommer son successeur tant que les avoués de Dieppe ne se seront pas engagés à concourir à la suppression de l'autre office et à payer l'indemnité fixée par le Gouvernement.

La Conférence prend en mains la cause de Mᵉ Mazurier et, sur les démarches personnelles de son Président auprès du Ministre de la Justice, obtient de lui, après avoir échoué auprès du Directeur des affaires civiles, la nomination, sans conditions, du successeur de Mᵉ Mazurier.

Elle fournit aux avoués de Chambéry le moyen de porter devant la Cour d'appel la décision du Tribunal de cette ville, condamnant un créancier saisissant, désintéressé depuis la saisie, aux dépens de la subrogation demandée contre lui et aux frais nécessités par la reprise de la procédure.

Elle remet à la Compagnie de Coulommiers un mémoire sur la présentation duquel le Tribunal de cette ville modifie la taxe du juge qui avait refusé de comprendre dans les frais à payer par l'adjudicataire sur surenchère du sixième ceux exposés par l'adjudicataire temporaire.

Elle encourage la résistance des avoués de Murat contre la prétention du parquet d'exiger d'elle la communication de son registre de délibérations.

Elle fait de même en ce qui concerne l'exigence formulée par la Chancellerie de se faire remettre pour la détermination du prix d'un office cédé après la mort du titulaire les états détaillés de frais de chaque affaire.

Si nous passons maintenant à un autre ordre d'idées, celui des services rendus par la Conférence au point de vue consultatif, nous verrons qu'elle signale à l'attention des communautés les décisions judiciaires dont quelques-unes, que nous vous demandons la permission de vous signaler, présentent un intérêt très important pour nous.

En matière de dépens, lorsque le Tribunal en a fait masse, en a prononcé la distraction et ordonné qu'ils seraient supportés moitié par chacune des parties, chaque avoué devient créancier personnel de la partie adverse pour la moitié de ses frais.

La somme consignée par le surenchérisseur à titre de cautionnement doit lui être remboursée immédiatement après l'adjudication, alors même qu'il se serait rendu acquéreur.

La présence d'un exploit dans un dossier détenu par un avoué ne saurait rendre l'avoué responsable du coût de cet exploit vis-à-vis de l'huissier quand il a été signifié sans sa participation.

Les officiers ministériels ont droit à des émoluments, en sus des honoraires dans les affaires dont-ils sont chargés, quand ils ont agi pour leurs clients comme mandataires ou *negotiorum gestores*.

L'élection de domicile faite chez un avoué sans sa participation ne l'oblige à prendre aucune initiative sur les actes qui sont signifiés à ce domicile.

Le coût de la délibération du conseil de famille nommant un subrogé-tuteur spécial à un mineur n'est pas passé en taxe dans le rôle de l'avoué qui poursuit la licitation et à qui on laisse seulement son recours contre le mineur.

L'avoué a droit aux intérêts de ses frais et avances à dater du jour de la demande en justice (ainsi jugé par cassation d'un arrêt de la Cour de Nîmes).

La prescription d'un an n'est pas opposable aux huissiers pour les avances faites en dehors des significations et actes de leur ministère.

Le créancier hypothécaire forclos pour avoir produit après le délai de quarante jours, conserve néanmoins le droit de se faire colloquer par préférence aux créanciers chirographaires sur le solde libre du prix.

L'avoué, mandataire *ad litem*, a le droit d'être remboursé des dépenses légitimes faites en cette qualité en dehors des frais de procédure, notamment des honoraires d'avocat et des frais d'impression de mémoires.

L'ordre amiable doit être **tenté** alors même qu'il existe un seul créancier inscrit.

L'avoué a droit à la distraction des dépens soit que les défendeurs acquiescent à la demande, soit que les demandeurs l'abandonnent ou s'en désistent.

L'avoué qui a comparu à l'ordre amiable n'est pas responsable du défaut de production à l'ordre judiciaire, si le client ne lui a pas remis la copie de la sommation.

En matière de saisie-immobilière, la procédure est en état lors du jugement de lecture du cahier des charges.

Le créancier qui, par mauvaise volonté ou mauvaise foi, empêche un ordre amiable et nécessite un ordre judiciaire doit être condamné à rembourser aux créanciers la portion du prix absorbée par les frais de l'ordre judiciaire.

L'acquéreur est privilégié sur son prix tant pour les frais de transcription et de notification que pour les frais de rédaction de l'extrait des inscriptions et de l'ordonnance de commission d'huissier.

La surenchère du sixième n'est pas invalidée par l'accord préalablement intervenu entre les surenchérisseurs et quelques-uns des colicitants par lequel ces derniers, si la surenchère n'était pas couverte, devraient rembourser au surenchérisseur la moitié de la surenchère et des **frais**.

Les ordonnances d'envoi en possession ne sont pas passibles du droit gradué d'enregistrement lequel n'a été établi que sur les délivrances de legs.

L'avoué qui ne peut représenter un pouvoir pour enchérir peut prouver contre la partie l'existence du mandat dans les termes du droit commun.

Pendant la vie du père et de la mère, l'opposition d'intérêts qui se manifeste entre le père et les enfants dans une vente d'immeubles ne donne pas lieu à la nomination d'un tuteur ordinaire ni d'un tuteur *ad hoc* ; mais il appartient aux Tribunaux de faire choix d'un administrateur *ad hoc* chargé de représenter les incapables.

Le subrogé-tuteur a le droit d'émettre appel des jugements intéressant le mineur qui lui sont notifiés.

Le juge français peut autoriser la saisie-arrêt au préjudice d'un étranger sur les valeurs appartenant à ce dernier et trouvés en France.

En l'absence de surenchère, les frais extraordinaires de transcription et de notification sont retenus par l'acquéreur en sus de son prix. Lorsqu'il y a surenchère, ces frais sont à la charge de l'adjudicateire qui en doit le remboursement et ne peut les retenir sur son prix.

Les frais de séparation de biens, en matière de faillite, doivent être employés en frais de syndicat, tant ceux du syndic que ceux faits par la femme et auxquels le syndic est condamné.

La surenchère du dixième autorisée en matière de faillite dans le délai de quinzaine n'est recevable qu'autant que la vente a été poursuivie par le syndic.

2

L'avoué de la femme demanderesse en séparation de corps qui a obtenu une provision pour faire face aux frais de l'instance, peut, si cette provision n'a pas été payée, l'exiger du mari jusqu'à concurrence des frais qui lui sont dus, même après le rejet de la demande de la femme.

L'acquéreur surenchéri ne peut faire que les dépenses nécessaires. Le surenchérisseur n'est pas tenu de lui en garantir le remboursement et ce n'est pas au cours de l'instance en validité de surenchère qu'il peut être statué sur ces dépenses.

L'avoué n'est pas tenu, en recevant le paiement de ses frais, d'en remettre l'état taxé, mais seulement une copie certifiée par lui.

Le tuteur a le droit d'acquérir un immeuble pour le pupille sans y être autorisé par le conseil de famille.

Le jugement autorisant la femme à hypothéquer les immeubles dotaux est valablement rendu en la Chambre du Conseil.

Le Tribunal seul a le droit d'autoriser la vente des meubles saisis ailleurs qu'à l'endroit indiqué par la loi.

Les frais de séparations de biens en matière de faillite doivent être prélevés par privilège sur l'actif de la faillite.

En matière d'ordre amiable, le créancier qui a omis de faire valoir tout ou partie de ses droits ne peut demander la rescision pour cause d'erreur.

L'ordre ne peut être suivi que devant le Tribunal de la situation de l'immeuble vendu.

Le droit de transcription est dû par l'héritier pour l'adjudication prononcée à son profit d'un immeuble dépendant de la succession qu'il a acceptée sous bénéfice d'inventaire.

Le juge des référés n'est pas compétent pour accorder des délais de grâce.

En matière de surenchère du sixième, un jugement est nécessaire, sinon pour la valider quand elle n'est pas contestée, du moins pour fixer le jour des nouvelles enchères.

C'est la remise, comme en matière de licitation, qui est due pour les ventes sur conversion.

Le juge des référés est incompétent pour ordonner la remise à l'avoué d'appel par l'avoué de première instance de pièces retenues par ce dernier non payé de ses frais.

Le syndic doit être condamné aux dépens envers la femme qui obtient sa séparation de biens, même lorsque l'instance a été introduite avant la déclaration de faillite.

Les ordres amiables ont le caractère d'un contrat qui ne permet pas de revenir sur les erreurs commises.

L'action résolutoire en matière de vente volontaire est éteinte par la purge.

La vente des immeubles dépendant d'une société

dissoute, doit être faite en justice, les intérêts de mineurs pouvant y être engagés.

La signification du désistement doit porter sur la copie comme sur l'original, la signature même de la partie qui se désiste.

Les intérêts courent du jour de la demande, même si on a omis de les réclamer dans l'assignation et qu'ils ne l'aient été que par les conclusions.

Les délais pour contredire s'appliquent même au contredit reconventionnellement formé contre la créance d'un contestant par le créancier contesté.

Le locataire verbal qui ne garnit pas suffisamment les lieux loués peut être expulsé en vertu d'une simple ordonnances de référé.

Les jugements par défaut, faute de conclure en matière commerciale, doivent être, à peine de déchéance, frappés d'opposition dans la huitaine de la signification.

Les ordonnances d'envoi en possession ne sont pas susceptibles d'appel.

La surenchère du sixième, après vente sur licitation judiciaire renvoyée devant notaire, doit être faite au greffe du Tribunal qui a ordonné la vente.

Le créancier, garanti par une hypothèque conventionnelle, ne peut, avant d'avoir épuisé son gage, obtenir une hypothèque judiciaire, même lorsque ce gage est reconnu insuffisant.

Le paiement d'un office d'avoué, avant la prestation de serment, est nul au regard des tiers, comme contraire à l'ordre public.

L'adjudicataire dépossédé par la surenchère ne peut exiger que l'on insère dans le cahier des charges de la nouvelle adjudication l'obligation pour l'adjudicataire définitif de lui rembourser ses dépenses.

Toutes ces solutions, émanant de la Cour de Cassation, de Cours d'appel ou de Tribunaux, sont précieuses à connaître. Si un certain nombre figurent dans les recueils judiciaires, il en est beaucoup qui demeureraient inconnues en dehors du ressort de l'arrondissement où elles ont été jugées, sans la publicité qu'y donne la Conférence.

En outre des questions ainsi tranchées par l'autorité judiciaire, il en est un très grand nombre portant sur des points de procédure ou des difficultés de taxe que les Compagnies soumettent à la Conférence, qui se fait un devoir de les étudier et d'en indiquer la solution. Quelque intéressantes qu'elles soient, l'énumération en serait ici trop longue pour ne pas fatiguer votre attention. Il nous suffira de vous dire qu'il y a là une source de consultations dont chacun de nous peut tirer profit.

De cet examen des travaux de la Conférence pendant les douze dernières années il résulte d'une manière, à notre avis incontestable, qu'elle a rendu à nos Compagnies des services qu'on ne saurait méconnaître. Il n'est pas un projet de loi qu'elle n'ait mûrement étudié au point de vue des avantages ou des dangers qu'il pouvait présenter pour l'exercice de notre profession, il n'est pas une démarche qu'elle n'ait tentée pour se concilier et se rendre favorables tous ceux de qui pouvaient dépendre les solutions à donner aux questions qui nous intéressent.

Il n'est pas une Compagnie, pas un confrère dont elle ait hésité à prendre la cause en mains pour les défendre contre les empiètements de l'autorité administrative ou judiciaire, les abus de pouvoir, les décisions injustes ; il n'est pas une seule question présentant réellement un caractère d'intérêt professionnel qu'elle n'ait soigneusement étudiée, dont elle n'ait donné la solution, indiquant la route à suivre, montrant les écueils à éviter.

Si elle n'a pas réalisé tout le bien qu'il nous serait permis de souhaiter, elle a incontestablement réussi à nous soustraire à tout le mal que l'on aurait voulu nous faire, et nous devons nous montrer reconnaissants envers elle du maintien du *statu quo* dont les modifications à l'ordre du jour, pendant ces dernières années, n'auraient eu lieu qu'à notre préjudice.

Quelque jugement, au surplus, que l'on puisse porter sur le rôle de la Conférence dans le passé, serait-il, à l'heure actuelle, opportun de cesser d'en faire partie ?

Nous avons été unanimes à penser que non. Ce n'est pas au moment où l'esprit de réforme tend à prendre dans les régions gouvernementales une place beaucoup plus considérable qu'il n'y avait jamais occupée, qu'il peut nous convenir de déserter le terrain de la lutte où nos intérêts les plus graves seront peut-être en jeu. Le jour où la magistrature aura été réorganisée, si elle doit l'être, n'est-il pas à prévoir que des modifications peut-être importantes seront tentées à l'égard de l'institution des offices ministériels ? Ne songera-t-on pas à étendre la compétence des juges de paix au détriment de celle des Tribunaux civils ? Ne touchera-t-on pas au Code de procédure et aux tarifs qui en sont l'annexe, et dans quel sens ? De quel mobile favorable ou contraire à nos intérêts s'inspireront nos futurs législateurs ?

C'est le secret de l'avenir. Mais, quelque sort qu'il nous destine, quelque surprise qu'il nous réserve, ne devons-nous pas être armés pour la lutte, préparés à combattre les dispositions hostiles que nous serons trop souvent encore exposés à rencontrer, à profiter des circonstances favorables qui pourront se présenter pour améliorer notre situation ?

La modification du tarif, que nous appelons de tous nos vœux, a toujours été considérée par tous les ministres qui se sont succédé depuis quinze ans comme impossible sans la modification du Code de Procédure lui-même. D'autres idées prévaudront peut-être un jour ; peut-être aussi le Gouvernement, lorsque le terrain aura été déblayé des questions politiques qui depuis longues années absorbent les pouvoirs publics, songera-t-il à modifier les lois sur la procédure. Ne devons-nous pas à ce moment être en mesure de prendre part à tous les travaux qui touchent à nos intérêts professionnels pour y faire prévaloir nos vues ? Ne serons-nous pas heureux alors de trouver toute prête une organisation fonctionnant depuis de longues années et pouvant nous assurer, par la concentration de tous nos efforts, sous une direction unique, la réalisation de tout le mieux possible à espérer ?

A ce point de vue, l'existence de la Conférence nous paraît indispensable, et s'il en est ainsi, ne serait-il pas fàcheux qu'au moment où son action aurait à s'exercer de la manière la plus utile, elle eût été dissoute, ou diminuée par la défection d'un certain nombre de Compagnies ?

Si vous partagez notre opinion à cet égard, devez-vous vous arrêter aux objections soulevées contre la continuation de notre concours à la Conférence ?

Nous ne le pensons pas.

Ecartons tout d'abord la question pécuniaire, qui ne nous paraît pas de nature à pouvoir influer sur votre décision. Ce n'est pas une Compagnie, qui a nos revenus et qui dépense ce que nous dépensons, qui peut raisonnablement se préoccuper de quelques cents francs de plus ou de moins.

La seule objection grave qui ait été émise est celle tirée de la composition de la Conférence; la place considérable qu'y occupent les avoués des Tribunaux non privilégiés lui fait diriger ses efforts vers un but qu'il nous est indifférent à nous, de lui voir atteindre, puisque nous y sommes déjà parvenus, et cela au préjudice d'autres réformes qui pourraient nous profiter en même temps qu'à tous les autres avoués.

Il est vrai que, pendant plusieurs années, la Conférence s'est préoccupée très sérieusement de l'extension du tarif de Paris à tous les Tribunaux; il nous paraît probable aussi que l'adoption de cette mesure aurait pu avoir pour résultat d'éloigner les améliorations que nous aurions personnellement à souhaiter.

Mais est-ce une raison pour nous de nous séparer de nos confrères ?

Nous ne le pensons pas.

Vous avez vu que l'unification du tarif n'a pas été le seul objet des préoccupations de la Conférence. Ses efforts à cet égard sont, au surplus, venus se heurter contre les dispositions défavorables des Cours et des Tribunaux, contre les refus des ministres et des Commissions du Conseil d'État et des Chambres: la dernière Commission de la Chambre des Députés, qui en a été saisie il y a deux ans, l'a définitivement repoussée, et, dans ces conditions, il est permis de penser qu'elle n'a aucune chance de succès dans l'avenir.

En fût-il autrement, il n'est pas en notre pouvoir de modifier cette situation. Cet inconvénient est fatalement inhérent à toute association réunissant une collectivité d'intérêts qui ne sont pas tous absolument identiques. Nous ne pouvons songer à empêcher nos confrères des petits Tribunaux de poursuivre un résultat qui améliorerait leur position; ce n'est pas, dans tous les cas, en cessant de faire partie de la Conférence que nous pourrons réussir à enrayer leurs efforts. Il semblerait, au contraire, que continuer à participer à ses travaux serait le meilleur moyen de la détourner de ce but pour l'engager avec nous, avec les avoués des grands Tribunaux, dans une voie plus large, vers des améliorations plus fructueuses pour tous.

Quel profit retirerions-nous donc d'une séparation qui, en nous singularisant, en enlevant à nos confrères l'influence de notre présence, sur laquelle une longue collaboration leur a presque donné le droit de compter, serait de nature à les blesser et nous fermerait ainsi la porte à tout retour vers eux?

Aucune autre que cette économie de 10 fr. par tête dont il n'y a pas lieu de faire état.

Et que ferions-nous ensuite?

Resterions-nous dans notre isolement, sans pouvoir nous tenir au courant de tout ce qui pourra se préparer contre nous, ou tenterions-nous de former, avec les avoués des grands Tribunaux exclusivement, une association restreinte?

Vous penserez avec nous qu'il ne faudrait faire en ce sens des tentatives, qui seraient certainement divulguées, qu'avec la presque certitude de réussir. Or, ce projet serait d'une réalisation beaucoup plus coûteuse et probablement impraticable : car il est à remarquer que l'unification du tarif n'a jamais rencontré d'opposition de la part des avoués des grands Tribunaux et a même été chaleureusement soutenue par la majorité d'entre eux. La Compagnie de Lyon, qui avait pris une certaine initiative il y a deux ans dans le sens de la création d'une nouvelle Conférence, a abandonné son projet, en présence des difficultés qu'elle a rencontrées.

Quant à la Compagnie de Paris, quoique ne faisant pas partie de la Conférence, elle s'associe de la manière la plus active à ses travaux; le Président de sa Chambre assiste chaque année à l'Assemblée générale et, dans toutes les circonstances difficiles, il s'est joint à la Commission de la Conférence dans ses démarches auprès de la Chancellerie, des Chambres, du Conseil d'État. Il est donc à prévoir que toute tentative ayant pour but la création d'une nouvelle Conférence aboutirait à un insuccès.

Admettons cependant que les dispositions à cet égard aient changé et que le projet ait quelque chance de réussir. Nous croyons que la réalisation en serait plutôt contraire que favorable à nos intérêts. Deux Conférences au lieu d'une, cela ne pourrait faire que le bonheur de la Chancellerie; la divergence de nos efforts en diminuerait fatalement l'efficacité. Les ministres et leurs bureaux seraient trop heureux de pouvoir opposer la Conférence des grands à celle des petits, et n'aurions-nous pas à craindre que, dans ce conflit, ce soit la voix de ces derniers qui soit écoutée de préférence? Par notre petit nombre, par notre situation privilégiée, nous serons toujours moins intéressants qu'eux; notre action, nos efforts séparés des leurs pourront leur nuire, mais sans nous profiter; leurs représailles pourraient nous être dangereuses.

Ces considérations nous déterminent à proposer à l'Assemblée Générale le maintien pur et simple de l'état de choses actuel.

FEAUTRIER.
EYMARD.
MONTAMAT, Rapporteur.